LA CORÉE JUSQU'AU IXE SIÈCLE

SES RAPPORTS AVEC LE JAPON ET SON INFLUENCE SUR LES ORIGINES DE LA CIVILISATION JAPONAISE

(Conférence faite au Musée Guimet, le 21 février 1897)

PAR

MAURICE COURANT.

Extrait du «T'oung-pao», Vol. IX, no. 1.

LIBRAIRIE ET IMPRIMERIE
CI-DEVANT
E. J. BRILL.
LEIDE — 1898.

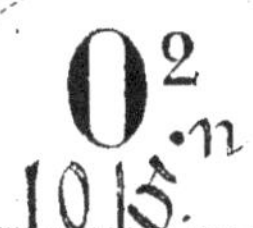

LA CORÉE JUSQU'AU IXᵉ SIÈCLE

SES RAPPORTS AVEC LE JAPON ET SON INFLUENCE SUR LES ORIGINES DE LA CIVILISATION JAPONAISE

(Conférence faite au Musée Guimet, le 21 février 1897)

PAR

MAURICE COURANT.

Extrait du « T'oung-pao », Vol. IX, no. 1.

LIBRAIRIE ET IMPRIMERIE
CI-DEVANT
E. J. BRILL.
LEIDE — 1898.

LA CORÉE JUSQU'AU IXᴱ SIÈCLE

SES RAPPORTS AVEC LE JAPON ET SON INFLUENCE SUR LES ORIGINES DE LA CIVILISATION JAPONAISE

(Conférence faite au Musée Guimet, le 21 février 1897)

PAR

MAURICE COURANT.

—◦⊲⊳◦—

I.

Les documents relatifs à la Corée ancienne sont de trois sortes.

Les plus anciens, d'origine chinoise, sont le *Chi ki*, 史記 (commencement du Iᵉʳ siècle av. J.-C.) et le *Tshien han chou*, 前 漢書 (Iᵉʳ siècle après J.-C.); le *Chan hai king*, 山海經, qui est peut-être plus ancien, ne contient que quelques indications peu précises et sans grande valeur. Bien que le *Chi ki* indique le pays de *Tchhao sien*, 朝鮮, à l'époque de *Oou oang* des *Tcheou*, 周 武王 (XIIᵉ siècle av. J.-C.), ce n'est qu'à partir de la conquête de la Corée septentrionale par *Oei Man*, 衛滿, homme du pays de *Yen*, 燕, en 194 avant notre ère, qu'il donne des renseignements détaillés; on peut donc se demander si le nom de *Tchhao sien* correspond à la même région dans les deux cas. Les histoires dynastiques qui suivent le *Tshien han chou*, parlent presque toutes de la Corée.

Les documents japonais sont le *Ko zi ki*, 古事記, achevé

en 712, le *Nihon gi*, 日本記, ou *Nihon siyo ki*, 日本書記, achevé en 720, et les histoires qui leur font suite, *Zoku Nihon gi*, 續日本記 (672—792), *Nihon kou ki*, 日本後記 (792—823) etc.; le *Nihon gi* contient sans doute d'importants fragments du *Kiu zi ki*, 舊事記, achevé en 620 et détruit partiellement dans un incendie en 645. Les deux premiers de ces ouvrages commencent à l'époque des dieux; mais, même dans la période purement humaine, leurs assertions ne peuvent être acceptées qu'après discussion; à la date de 461, une ambassade envoyée de Corée au Japon se trouve rapportée par un ouvrage coréen en même temps que par le *Nihon gi*: c'est le premier accord complet des sources japonaises avec les sources coréennes; à partir de là, les deux séries de renseignements coïncident approximativement [1]).

Les ouvrages historiques coréens sont beaucoup plus tardifs; le plus ancien, le *Sam kouk să keui*, 三國史記, ayant été présenté en 1145 au roi *In tjong*, 仁宗; mais l'auteur cite des documents de beaucoup antérieurs, dont quelques-uns remontaient au-delà du VIIe siècle; ils semblent ne plus exister aujourd'hui, mais ils permettent d'esquisser l'histoire de la Corée, avec des chances suffisantes d'exactitude, à partir de la seconde moitié du IVe siècle de l'ère chrétienne; la concordance des histoires chinoises, l'air de vraisemblance de l'ouvrage, le consentement des auteurs coréens qui n'en ont jamais mis en doute l'authenticité ni l'exactitude, sont encore des présomptions en faveur du *Sam kouk să keui*. D'autre part, différentes inscriptions trouvées depuis quelques années sur le sol des vieux royaumes coréens confirment et complètent les données du *Sam kouk să keui*: le plus ancien de ces monuments, datant de 414, n'a encore été traduit dans aucune

---

1) Cf. W. G. Aston, Early japanese history (Transactions of the Asiatic Society of Japan, vol. XVI, pp. 39—75). — W. G. Aston, Nihongi, Chronicles of Japan, translated... London, 1896, 2 vol. in 8.

langue européenne; j'ai l'intention d'en faire prochainement l'objet d'un mémoire spécial.

II.

Au commencement de l'ère chrétienne, la péninsule coréenne était divisée en plusieurs états. Le *Ko kou rye,* 高句麗, et le *Păik tjyei,* 百濟, occupaient le versant occidental, celui-ci au sud, s'étendant sur les provinces actuelles de *Tjyen ra,* 全羅, et *Tchyoung tchyeng,* 忠清, et, à certaines époques, sur la partie méridionale du *Kyeng keui,* 京畿; celui-là comprenant une partie plus ou moins grande du *Kyeng keui,* le *Hoang hăi,* 黃海, le *Hpyeng an,* 平安, l'ouest du *Ham kyeng,* 咸鏡, et du *Kang ouen,* 江原, et de plus un territoire plus ou moins vaste sur la rive droite de l'*Ap rok kang,* 鴨綠江. Ces deux états avaient été fondés au commencement de l'ère chrétienne par des tribus venues du *Pou ye,* 扶餘, pays situé dans la vallée de la rivière Soungari; ces tribus étaient apparentées aux *Yei,* 穢, du nord et du nord-est de la Corée, elles étaient différentes et des *Syouk sin,* 肅慎 du nord-est et des *Syen pi,* 鮮卑, du nord-ouest; la trace de cette diversité d'origine subsistait, semble-t-il, dans l'organisation aristocratique et militaire des deux pays.

Entre ces deux royaumes s'élevait la ville d'*Ak rang,* 樂浪,— (*Hpyeng yang,* 平壤) qui était une colonie chinoise depuis l'an 108 av. J.-C. et qui resta soumise aux étrangers jusque vers le commencement du IVe siècle; d'autres établissements du même genre, fondés à la même époque, disparurent sans doute auparavant.

Le sud-est de la péninsule, partie méridionale du *Kang ouen* et province actuelle de *Kyeng syang,* 慶尚, appartenait à une autre race, celle des *Sin,* 辰, divisés en une trentaine de tribus, formant deux confédérations principales, celle des *Sin han,* 辰韓, au nord-est, et celle des *Pyen han,* 卞韓, ou *Pyen sin,* 卞辰, à l'ouest, entre le *Rak tong kang,* 洛東江, le *Păik tjyei* et la mer.

Chez ces derniers, six états plus ou moins étroitement alliés s'organisèrent sous le nom commun de *Ka ya*, 加耶; les plus importauts restèrent indépendauts jusqu'au milieu du VIe siècle. Chez les *Sin* de l'est, il existait une organisation analogue, due à l'absorption des tribus les plus faibles par les plus fortes. A partir du commencement de l'ère chrétienne, le royaume de *Sin ra*, 新羅, dont la capitale était *Keum syeng*, 金城 (aujourd'hui *Kyeng tjyou*, 慶州) commença à saisir la suprématie et à aunexer les états voisins au moyen d'alliances ou de guerres: les noms de plusieurs de ces petits états nous sont connus, ainsi que l'époque de leur soumission [1]. Les chefs héréditaires des tribus qui s'étaient unies les premières pour constituer le *Sin ra*, furent probablement la souche des trois familles royales existant simultanément, et les chefs des autres tri-

---

[1] J'indique par *S.k.s.k.* les faits tirés du *Sam kouk să keui*; par *N.h.g.* ceux qui viennent du *Nihon gi*; par *G.k.t.* ceux qui viennent du *Guwai kau ti kau* (外変志稿, publié par le 外務省 en la 17e année *Mei di*, 1884; résumé des faits compilé d'après les histoires originales japonaises et étrangères; 1 vol. in 8, 822 pp. à l'européenne, et 1 vol. de tables chronologiques. A partir de la fin du *N.h.g.*, étant pressé par le temps, j'ai consulté cet ouvrage qui est d'un maniement plus facile); par *G.* les faits tirés de Geerts, Minerals and Metallurgy of the Japanese (Transactions of the Asiatic Society of Japan, vol. III, part I et II; vol. IV).

S.k.s.k. 77 première guerre mentionnée entre le *Sin ra* et le *Ka ya*.

» 102 soumission des royaumes de *Eum tjeup pel* 音汁伐, *Sil tjik*, 悉直, et *Ap tok*, 押督.

» 108 soumission des royaumes de *Pi tji*, 比只, *Ta pel*, 多伐, et *Tcho hpal*, 草八.

» 185 le *Sin ra* attaque le royaume de *Syo moun*, 召文.

» 209 le *Sin ra* vainc le royaume de *Hpo syang hpal*, 浦上八.

» 231 le *Sin ra* conquiert le royaume de *Kam moun*, 甘文.

» 236 le royaume de *Kol pel*, 骨伐, se soumet volontairement au *Sin ra*.

» 297 le royaume de *I sye ko*, 伊西古, attaque *Keum syeng*, 金城.

» 512 le royaume de *Ou san*, 于山, se soumet au *Sin ra*.

» 532 le royaume de *Keum koan*, 金官, l'un des plus importants du *Ka ya*, est soumis par le *Sin ra*.

bus donnèrent naissance à une partie de la noblesse, qui plus tard fut considérée tout entière comme issue des rois; dans cette organisation patriarcale et féodale à la fois, il n'est pas question du peuple.

Quoi qu'il en soit, vers le milieu du VIe siècle, tout le territoire des *Sin* avait formé le royaume de *Sin ra*; cet état, profitant habilement du secours de la Chine alors gouvernée par les *Thang*, 唐, conquit en 660 et 668 les royaumes de *Păik tjyei* et de *Ko kou rye*; avant 685, l'autorité des Chinois avait disparu de la Corée, le calme régnait à l'intérieur et à l'extérieur. La péninsule, unie pour la première fois en un royaume, eut alors et jusqu'au dernier tiers du IXe siècle, une période de grande prospérité.

III.

A l'est de la Corée, au delà de la mer, les Japonais, à la même époque, commençaient aussi leur histoire: comme je l'ai dit, on ne peut se fier pour cette période aux chroniques japonaises, de beaucoup postérieures. La plus ancienne mention qui soit faite du Japon, est une simple phrase du *Chan hai king* et la première notice un peu détaillée se trouve dans le *Heou han chou*, 後漢書, qui se rapporte aux années 25—220 de l'ère chrétienne. Malgré l'absence de renseignements contemporains, il est possible de démêler parmi les indications contenues dans les ouvrages postérieurs, historiques et autres, les principaux traits de l'organisation japonaise dans les premiers siècles de l'ère chrétienne: on trouve que la nation était formée d'un nombre considérable de tribus ou «gentes», 氏, *udi*, indépendantes les unes des autres et ayant chacune un patriarche héréditaire; outre les membres directs de la «gens», les tribus les plus importantes comprenaient des «gentes» de caste inférieure, qui étaient à l'égard de la «gens» principale dans une situation de dépendance plus ou moins stricte et qui exerçaient héréditairement les arts manuels et l'agriculture. Les tribus dont les membres directs

étaient les plus nombreux, se subdivisaient en ramifications qui
conservaient toujours entre elles des relations étroites, et par là
gagnaient en influence, en même temps qu'en nombre. Le patriarche
de la plus importante des tribus avait acquis et possédait dès lors
trois priviléges: un privilége sacerdotal, puisqu'il représentait toutes
les tribus en face des dieux communs, dont le principal était
Ama terasu oho kami, 天照大神, ancêtre de la tribu dominante
et dès lors acceptée comme divinité nationale; un privilége diplo-
matique et militaire, puisqu'il recevait les envoyés des pays étrangers et prenait le commandement des expéditions à l'extérieur; un
privilége judiciaire, puisqu'il décidait dans les querelles entre *udi*,
choisissait le patriarche lorsque la ligne directe venait à manquer,
supprimait au besoin une tribu pour crime contre l'intérêt de la
confédération. C'est de ce triple privilége qu'est sortie peu à peu
la prérogative impériale (Cf. Dr. C. A. Florenz, die staatliche und
gesellschaftliche Organisation im alten Japan, dans les Mittheilungen
der Deutschen Gesellschaft für Natur- und Völkerkunde Ostasiens
in Tokio, vol. V, pp. 164—182. — B. H. Chamberlain, a Translation of the «Ko ji ki», Introduction; formant un supplément au
vol. X des Transactions of the Asiatic Society of Japan).

On saisit immédiatement les ressemblances entre la confédération
des *udi* japonais et celles du *Ka ya* et du *Sin ra*: de part et d'autre,
ces unions de tribus se sont étendues par des alliances, ou par des guerres
soit contre des peuples de race différente, soit contre des tribus de
même race; les chefs de clan, d'abord indépendants, ont constitué,
sous la suprématie toujours grandissante de l'un d'entre eux, une
féodalité patriarcale, dont le rôle a été diminuant et qui a fini en
un corps de fonctionnaires suivant la conception chinoise. D'ailleurs
les points de rapprochement entre les Japonais et les *Sin* sont
nombreux: le principe d'exogamie, si strict en Chine, ne se trouve
d'abord ni en Corée ni au Japon; les filles de race royale du *Sin ra*

ne pouvaient être mariées à des étrangers et l'on en note plusieurs qui furent données en mariage à des chefs du Japon ou du *Kaya*: n'y aurait-il pas là la marque d'une origine commune? [1]) La langue des deux peuples offre des analogies frappantes; les plus vieilles légendes japonaises, celles qui se rapportent à l'âge des dieux et à la descente de *Hiko ho no ni nigi no mikoto*, 日子番能邇ㇼ藝尊, dans l'île de *Kiyu siyu*, 九州, ｜parlent de la Corée comme d'un pays avec lequel il existe de bons rapports; de même, l'histoire fabuleuse des *Syek*, 昔, l'une des races royales du *Sin ra*, fait venir leur ancêtre du Japon dans un œuf flottant. Les habitations japonaises de ces âges reculés ressemblaient, autant qu'on peut se les figurer d'après les textes, aux huttes des paysans coréens d'aujourd'hui; les vases en terre que l'on trouve dans les anciens tombeaux, sont semblables des deux côtés. Toutes ces ressemblances permettent de conclure, sinon à une identité originelle des deux races, du moins à des rapports très anciens et prolongés dans une période antérieure à celle que l'histoire nous fait connaître.

D'ailleurs, les légendes et l'histoire nous parlent de ces relations; les dieux de la mer, qui sont en ligne féminine les ancêtres de *Zin mu*, 神武天皇, premier empereur humain, habitent des palais pleins de richesses et s'asseyent sur des tapis de soie: ce qui indique des rapports avec le continent, car les vers à soie, à l'époque de l'empereur *Nin toku*, 仁德 (310—399), sont encore décrits comme de curieuses créatures qui prennent d'abord la forme de vers, puis celle de cocons et enfin celle d'oiseaux: on n'en voyait alors que chez un Coréen appelé *Nurinomi*, 奴里能美 (*Ko zi ki*).

---

1) L'interdiction des mariages avec des étrangers n'était sans doute pas absolue; je note les suivants:

S.k.s.k. 312 la fille d'un *Ason* (noble) est donnée en mariage au fils du roi des Japonais, 倭王之子.

  „ 493 la fille d'un *Ipelson* (noble) épouse le roi de *Păik tjyei*.

  „ 522 une princesse est mariée au *Ka yu*.

Des faits de commerce et de piraterie entre les deux pays, sont notés souvent dans les histoires. Il n'est pas possible d'admettre complètement la fameuse expédition de l'impératrice *Zin gou*, 神功皇后, qui renferme plus de faits miraculeux que de détails croyables et dont il n'est question ni dans les annales coréennes, ni dans les annales chinoises, alors que ces dernières placent, en effet, vers cette époque chez les Japonais l'existence d'une reine nommée *Pi mi hou*, *Hi mi ko*, 卑彌呼 (*Heou han chou*, années 147—190). Mais il semble bien exact que, dès le commencement de l'ère chrétienne, les expéditions japonaises dans la péninsule furent nombreuses; elles paraissent avoir amené au IVe siècle la reconnaissance de la suzeraineté japonaise par les états du sud, tandis que le *Ko kou rye* repoussait les insulaires à la fin de ce même siècle. Pendant longtemps, la politique du Japon consista, d'une part, à s'appuyer sur les états les plus faibles, *Păik tjyei* et *Ka ya*, à s'y faire une clientèle, à mettre sur le trône des princes coréens élevés au Japon, à avoir même sur le continent quelques établissements fortifiés, bien que les auteurs coréens n'en parlent pas [1]), et d'autre part, à lutter contre le voisin immédiat, le *Sin ra*. Dans la guerre où ce royaume subjugua le *Păik tjyei*, les Japonais soutenaient leur allié habituel: mais la dernière expédition des insulaires est de 731; des ambassades furent échangées jusqu'à la fin

1) Le *Nihon gi* indique les faits suivants qui ne sont pas mentionnés par l'histoire coréenne.

N.h.g. 249 soumission au Japon de sept provinces situées au *Ka ya*: *Pi tjă mok*, 比自炑; *Ka ra* méridional, 南加羅; *Rok kouk*, 喙國; *An ra*, 安羅; *Ta ra*, 多羅; *Tchak syoun*, 卓淳; *Ka ra*, 加羅.

" 512 le Japon cède au *Păik tjyei* les quatre districts suivants du *Ka ya*: *Ta ri* supérieur, 上哆唎; *Ta ri* inférieur, 下哆唎; *Sa hta*, 娑陀; *Mou rou*, 牟婁.

" 529 le Japon donne au *Păik tjyei* le port de *Ta sa*, 多沙, situé au *Ka ya*.

" 577 envoi de résidents japonais au *Păik tjyei*, «d'après une ancienne coutume».

du IXᵉ siècle; mais alors, c'étaient les Coréens du *Sin ra* qui allaient piller *Tu sima*, 對 馬, et les côtes de *Kiyu siyu*.

Je donne ici les dates de quelques-unes des guerres entre le Japon et la Corée, ainsi que de quelques ambassades.

N.h.g. 33 av. J.-C. ambassade envoyée au Japon par le royaume d'*Im na*, 任 那 (*Amana* = *Ka ya*).

S.k.s.k. 14 ap. J.-C. descente des Japonais sur les côtes du *Sin ra*.

» 68, 121 » » » » » » » »

» 123 alliance du *Sin ra* et du Japon.

» 158 une ambassade japonaise vient au *Sin ra*.

» 193 famine au Japon; plus de 1000 personnes viennent demander du riz au *Sin ra*.

N.h.g. 200 expédition de l'Impératrice *Zin gou*, 神 功.

S.k.s.k. 208 attaque des Japonais contre le *Sin ra*.

» 232 les Japonais attaquent *Keum syeng*, 金 城, capitale du *Sin ra*; ils sont chassés.

» 233 nouvelle descente des Japonais; on incendie leurs bateaux.

N.h.g. 246, 247 intervention du Japon entre le *Păik-tjyei* et le *Tchak syoun* (*Ka ya*); ce fait a eu lieu sous le règne de *Syo ko*, 肖 古 (346—375 d'après S.k.s.k.).

S.k.s.k. 249 nouvelle descente des Japonais au *Sin ra*.

N.h.g. 255 mort du roi *Syo ko* de *Păik tjyei* (S.k.s.k. 375).

» 277 ambassade du prince *Tjik tji*, 直 支, envoyé par le roi de *Păik tjyei*: ce prince n'est autre que *Tyen tji*, 腆 支, ou *Tjik tji*; voir plus bas, à la date de 397.

» 285 arrivée du lettré *Wani*, *Oang In*, 王 仁, de *Păik tjyei*. Le prince *Tjik tji* retourne pour succéder à son père (S.k.s.k. 405 avènement de *Tyen tji*).

S.k.s.k. 287 ap. J.-C. descente des Japonais sur les côtes du *Sin ra*; ils emmènent 1000 prisonniers.

» 289, 292, 294 descentes des Japonais.

» 295 le roi *You ryei*, 儒禮, se propose d'aller attaquer le Japon; ses ministres l'en dissuadent.

N.h.g. 295 expédition des Japonais au *Sin ra*; ils emmènent un grand nombre de captifs.

S.k.s.k. 300 alliance conclue entre le *Sin ra* et le Japon.

» 346 les Japonais pillent le *Sin ra*, assiègent la capitale; ils sont repoussés.

» 364, 393 descentes des Japonais au *Sin ra*; ils sont repoussés.

» 397 le prince de *Păik tjyei*, *Tyen tji*, est envoyé en ôtage au Japon (voir année 277): c'est la première mention du Japon dans les annales du *Păik tjyei*; dès lors, les relations des deux états furent fréquentes, surtout au Ve et au VIIe siècles.

» 402 alliance entre le *Sin ra* et le Japon.

» 408 descente des Japonais au *Sin ra*; ils emmènent un grand nombre d'esclaves.

» 409 les Japonais établissent un camp fortifié à *Tăi ma*, 對馬, *Tu sima*.

» 431 les Japonais assiègent *Myeng hoal*, 明活, capitale du *Sin ra*, et sont repoussés.

» 440, 444 descentes des Japonais qui emmènent des prisonniers.

» 459 100 vaisseaux japonais viennent attaquer le *Sin ra*; on les repousse.

N.h.g. 461 ap. J.-C. ambassade du *Păik tjyei* envoyée au Japon et naissance pendant le voyage du prince *Sima*, 嶋, coréen *Să ma*, 斯摩, qui fut le roi *Mou nyeng*, 武寧 (501—523); un ouvrage coréen cité par le N.h.g. rapporte aussi cette ambassade.

S.k.s.k. 462　　les Japonais attaquent *Myeng hoal* et sont repoussés.

»　463, 467, 493 le *Sin ra* construit des citadelles et des jonques de guerre.

»　476, 477, 486, 497 attaques des Japonais contre le *Sin ra*.

N.h.g. 564　　le *Ko kou rye* est battu par le Japon: première mention d'une rencontre entre les armées des deux états dans l'histoire japonaise; les annales du *Ko kou rye* ne parlent pas du Japon.

»　570　　des envoyés du *Ko kou rye* arrivent à la province de *Kosi*, 越.

Je passe sous silence les faits relatifs à l'unification de la Corée sous la suprématie du *Sin ra* pour arriver à la période de l'unité coréenne.

S.k.s.k. 722　　le *Sin ra* construit des forteresses sur les côtes du sud-est.

»　731　　300 jonques japonaises sont repoussées.

G.k.t. 738　　les Japonais refusent l'entrée de la capitale à l'envoyé du *Sin ra*.

S.k.s.k. 742　　l'ambassade japonaise manque aux rites et n'est pas reçue.

»　753　　une nouvelle ambassade japonaise est éconduite pour le même motif.

G.k.t. 753 ap. J.-C. l'ambassade japonaise ne peut s'entendre avec
le *Sin ra* sur une question de rites et revient
en rapportant le décret impérial.

» 758 le Japon déclare la guerre au *Sin ra*.

» 764 descente des troupes du *Sin ra* à *Hakata*,
博多.

» 774 les envoyés du *Sin ra* sont éconduits, le mémorial étant mal rédigé.

» 779 ambassade du *Sin ra* sans incident.

S.k.s.k. 803 traité d'amitié avec le Japon.

» 804 le Japon envoie en présent 300 onces d'or.

» 806, 808 ambassades japonaises au *Sin ra*.

G.k.t. 813 descente des troupes coréennes au *Bi zen*,
備前.

» 834 descente des Coréens au *Tukusi*, 筑紫.

» 835 le *Sin ra* menace *Iki*, 壹岐.

» 842 suite des attaques du *Sin ra*.

S.k.s.k. 864 ambassade du *Sin ra* au Japon.

G.k.t. 866 la population du *Bi zen* conspire d'accord avec
le *Sin ra*.

» 869 nouvelle descente des Coréens à *Hakata*.

S.k.s.k. 878, 882 ambassades japonaises au *Sin ra*; la seconde
apporte 300 onces d'or et 10 perles.

G.k.t. 885 les envoyés du *Sin ra* apportent une lettre
incorrecte et sont renvoyés.

» 894 descente des Coréens à *Tu sima*.

IV.

Pendant le VIIIe et le IXe siècles, s'épanouirent les germes de
civilisation apportés de Chine depuis plus de trois siècles; c'est
donc à cette époque qu'il faut jeter un coup d'œil sur la Corée

ancienne et c'est ainsi que nous pourrons comprendre comment les Japonais virent en elle un pays riche, une sorte de Colchide, dont la conquête de l'Impératrice *Zin gou* serait l'expédition des **Argo**nautes.

Les Coréens fabriquaient des étoffes de soie et des broderies de toutes sortes, travaillaient les métaux précieux, se servaient de vaiselle d'or et d'argent; ils avaient des voitures ornées de sculptures en bois précieux. En 880, la plupart des maisons de la capitale étaient couvertes en tuiles; les plus grandes, réservées aux nobles, ne pouvaient dépasser 24 pieds de côté; elles étaient ornées de sculptures extérieures. En 880 aussi, la population se chauffait au charbon de bois. L'usage des différentes étoffes, des métaux fut réglé plusieurs fois par des lois somptuaires. Le roi n'avait pas moins de six jardins ou vergers et dix-huit palais; soixante administrations s'occupaient des nattes, brocarts, pelleteries et de toutes les denrées nécessaires à son existence. Les bonzeries très nombreuses renfermaient des statues d'or et de grandes cloches; dès le VIᵉ siècle, on avait fondu de grandes statues de bronze.

Les listes suivantes donneront une idée des produits de la Corée.

Faits relatifs à l'industrie et à la civilisation coréennes.

S.k.s.k. 541 ap. J.-C. le roi de *Păik tjyei* fait venir de Chine le Livre des Odes, le Nirvāṇa· sūtra et des peintres.

N.h.g. 545 une statue du Bouddha est fabriquée au *Păik tjyei.*

S.k.s.k. 551 un musicien originaire du *Ka ya, Ou reuk,* 于勒, invente un grand nombre d'airs nouveaux.

» 558 invention au *Sin ra* des balistes (?), 砲, et arbalètes, 弩.

S.k.s.k. 574 ap. J.-C. on fond au *Sin ra* six statues de 10 pieds de haut; on emploie pour ce travail 37,500 livres, 斤, de cuivre et pour la dorure près de 102 onces, 兩, ou plus de 6 livres d'or.

Présents échangés entre la Chine, le Japon et la Corée.

N.h.g.   27 ap. J.-C. pierres précieuses, miroir et sabre envoyés du *Sin ra* au Japon.

»   324   le *Ko kou rye* envoie au Japon des boucliers de fer.

S.k.s.k. 418   le *Păik tjyei* envoie au Japon 10 pièces de soie blanche, 白綿.

»   434   le *Păik tjyei* envoie au *Sin ra* des chevaux et un faucon blanc; le *Sin ra* envoie en retour de l'or et des perles.

»   541   le roi de *Păik tjyei* fait venir de Chine le Livre des Odes, le Nirvāṇa sūtra, etc.

N.h.g. 552   le *Păik tjyei* envoie au Japon des livres bouddhiques, une statue en cuivre et or et des objets pour le culte.

»   553   le Japon envoie des chevaux, des arcs et des flèches au *Păik tjyei* et demande en retour des livres sur la divination, le calendrier et la médecine.

S.k.s.k. 565   la cour des *Tchhen*, 陳, envoie au *Sin ra* 1700 volumes bouddhiques.

N.h.g. 577   le *Păik tjyei* envoie au Japon des livres bouddhiques.

»   578   le *Sin ra* envoie au Japon une statue bouddhique.

»   598   le *Sin ra* envoie au Japon une paire de pies.

N.h.g. 599 ap. J.-C. le *Sin rā* envoie au Japon un chameau, deux moutons, un faisan blanc.

» 605 le *Ko kou rye* envoie au Japon 300 onces d'or.

» 616 le *Sin ra* envoie au Japon une statue du Bouddha.

» 618 le *Ko kou rye* envoie au Japon des captifs chinois et un chameau.

S.k.s.k. 621 le *Păik tjyei* envoie à la cour de Chine des chevaux nains, 果下馬.

N.h.g. 622 le *Sin ra* envoie au Japon une statue d'or, une pagode d'or, des reliques et des objets pour le culte.

S.k.s.k. 637 le *Păik tjyei* envoie à la cour de Chine des cuirasses de fer et des haches en fer ciselé.

N.h.g. 647 *Kim Tchyoun tchyou*, 金春秋, envoyé du *Sin ra*, apporte au Japon un paon et un perroquet.

S.k.s.k. 650 le *Sin ra* envoie à l'Empereur de Chine une pièce de brocart sur laquelle est brodée une poésie.

» 653 le *Sin ra* envoie en Chine de la toile d'or, 金總布.

» 664 le roi de *Sin ra* donne à l'ambassadeur chinois une étoffe de soie et d'or, 金帛.

N.h.g. 668 le Japon envoie au *Sin ra* des pièces de soie, de la soie grège et du cuir.

S.k.s.k. 669 le *Sin ra* envoie en Chine deux caisses de pierre à porcelaine, 磁石二箱.

N.h.g. 671 le *Sin ra* envoie au Japon un buffle et un faisan.

» 679 le *Sin ra* envoie au Japon de l'or, de l'argeut, du fer, des trépieds, du brocart, de la toile, des chevaux, chiens, mules et chameaux.

N.hg. 681 ap. J.-C. le *Sin ra* envoie des présents semblables à ceux de 679.

» 686 le *Sin ra* envoie au Japon un cheval, une mule, deux chiens, des vases d'or et d'argent, du brocart rose, de la gaze, des peaux de tigre, des médicaments.

» 688 présents analogues à ceux de 686; en outre statues bouddhiques, oiseaux, etc.

» 689 le *Sin ra* envoie des statues.

S.k.s.k. 723 le *Sin ra* envoie à la cour des *Thang*, 唐, un cheval nain, du bézoard de bœuf, du *jen cheng*, des faux cheveux, 美髢, des étoffes de soie, 朝霞紬, et 魚牙紬, des clochettes ciselées pour les faucons, des peaux de panthère de mer, 海豹 (sorte de phoque que les Japonais appellent *suwi heu*, 水豹, ou *azarasi*), de l'or, de l'argent.

» 730 le *Sin ra* envoie à la cour des *Thang*, 5 chevaux nains, 1 chien, 2000 onces d'or, 80 onces de faux cheveux, 10 peaux de panthère de mer.

» 734 le *Sin ra* envoie à la cour des *Thang* 2 chevaux nains, 3 chiens, 500 onces d'or, 20 onces d'argent, 60 pièces d'étoffe de chanvre, 20 onces de bézoard de bœuf, 200 livres de *jen cheng*, 100 onces de faux cheveux, 16 peaux de panthère de mer.

» 773 le *Sin ra* envoie aux *Thang* de l'or, de l'argent, du bézoard de bœuf, des étoffes de soie, etc.

S.k.s.k. 804 ap. J.-C. le Japon envoie au *Sin ra* 300 onces d'or.

» 810   le *Sin ra* envoie en Chine des statues bouddhiques d'or et d'argent et des livres bouddhiques.

» 869   le *Sin ra* envoie en Chine 2 chevaux, 100
onces d'or en poudre, (?) 麩金, 200 onces
d'argent, 15 onces de bézoard de bœuf, 100
livres de *jen cheng*, du brocart de deux sortes,
大花魚牙錦 et 小花魚牙錦, 14
pièces de chaque, 20 pièces d'une autre espèce
de brocart, 朝霞錦, 40 pièces d'une étoffe
blanche velue, 四十升白氎布, 40
pièces d'étoffe d'ortie blanche, 三十升絟
衫段, 50 onces de cheveux, 頭髮, longs
de 4 pieds 5 pouces, 300 onces de cheveux
longs de 3 pieds 5 pouces, des épingles en or,
des ustensiles de fauconnerie, etc.; la liste
totale a 298 caractères.

» 882   le Japon envoie au *Sin ra* 300 onces d'or et
10 perles.

Les divers états coréens envoyèrent au Japon des artisans de
toutes sortes, y importèrent des produits tenus aujourd'hui pour
essentiellement japonais, y introduisirent ou y développèrent les arts
où les Japonais ont excellé depuis lors: c'est ainsi que l'antiquité
japonaise ne semble pas avoir connu le thé, ni l'orange, ni la la-
que [1]). J'ai mentionné plus haut ce que le *Ko zi ki* dit de l'élevage
des vers à soie. L'immigration des artisans et même des laboureurs
fut si nombreuse que des nouveaux venus on forma des castes

---

1) Cf. B. H. Chamberlain, a Translation of the «Ko ji ki», Introduction.

spéciales et des colonies dans les régions encore sauvages de l'est
et du nord.

Envoi d'artisans au Japon et développement de l'industrie japonaise.

N.h.g.   283 ap. J.-C. le *Păik tjyei* envoie une couturière.

»   300   le *Sin ra* envoie des constructeurs de jonques.

»   355   l'art de la fauconnerie est introduit par un prince du *Păik tjyei*.

»   414   un médecin est appelé du *Sin ra* pour soigner l'Empereur.

»   453   le *Sin ra* envoie 80 musiciens.

»   462, 472   importantes plantations de mûriers.

»   493   deux tanneurs venus du *Ko kou rye* sont établis dans la province de *Yamato*, 大和.

»   513   le *Păik tjyei* envoie le lettré *Tan Yang i*, 段楊爾.

»   554   le *Păik tjyei* envoie les lettrés *Mak ko*, 莫古, et *Oang Ryou koui*, 王柳貴, le bonze *Tam hyei*, 曇慧, avec huit autres bonzes et des hommes experts dans la divination, le calendrier, la médecine, la connaissance des simples et la musique.

»   577   le *Păik tjyei* envoie des livres bouddhiques, des bonzes, des sculpteurs, des architectes pour les temples.

»   588   le *Păik tjyei* envoie des architectes pour les temples, des fondeurs, des potiers et des peintres.

»   602   le même royaume envoie des hommes versés

dans le calendrier, l'astrologie, la géoscopie, la magie.

N.h.g. 605 ap. J.-C. on commence au Japon à faire des broderies représentant le Bouddha ainsi que des statues d'or et de cuivre.

» 607 achèvement du temple de *Hahu riu*, 法隆寺, voisin de *Nara*, 奈良; il renferme des peintures contemporaines de la fondation et qui sont dues à *Teu butu si*, 鳥佛師, et à *Tam tjing*, 曇徵; le second était un bonze coréen.

» 612 un homme du *Păik tjyei* vient enseigner l'art des jardins; un autre importe des danses et une musique nouvelles.

» 650 l'Empereur fait construire dans la province d'*Aki*, 安藝, deux jonques sur le modèle de celles du *Păik tjyei*.

» 674 on trouve du minerai d'argent pour la première fois au Japon (à *Tu sima*).

» 680 trois Coréens viennent pour étudier le japonais comme interprètes.

» 683 des danses du *Ko kou rye*, du *Păik tjyei* et du *Sin ra* sont exécutées au Palais.

» 686 l'Empereur a pour médecin ordinaire un homme du *Păik tjyei*.

G. 698 du minerai de cuivre est découvert dans la province d'*Inaba*, 因幡.

» 708 des sapèques de cuivre sont fabriquées en *Musasi*, 武藏.

» 750 minerai d'or trouvé en *Suruga*, 駿河.

G.k.t. 761 le gouvernement japonais fait étudier le coréen par des interprètes.

Immigration au Japon.

N.h.g. 365 ap. J.-C. les habitants de quatre villages du *Sin ra* sont emmenés captifs.

»　467　　un homme du *Păik tjyei*, *Koui sin*, 貴信, se réfugie au Japon.

»　540　　*Keui tji*, 己知, originaire du *Păik tjyei*, se fixe dans la province de *Yamato*, 大和; premières réglementations, immatriculation des émigrants chinois et coréens.

»　556　　deux villages coréens sont fondés dans le *Yamato*, à *Ohomusa*, 大身狹, et à *Womusa*, 小身狹.

»　564　　une ambassade du *Sin ra* se fixe au Japon (province de *Setutu*, 攝津).

»　565　　des réfugiés du *Ko kou rye*, établis en *Tukusi*, 筑紫, sont transportés au *Yamasiro*, 山城.

»　608　　arrivée d'un grand nombre d'émigrants du *Sin ra.*

»　609　　arrivée de 75 hommes du *Păik tjyei* conduits par deux bonzes.

»　665　　400 émigrants du *Păik tjyei* sont établis en *Ahumi*, 近江.

»　666　　2000 émigrants du *Păik tjyei* se fixent dans les provinces de l'est.

»　685　　un rang officiel est accordé à 147 Chinois et Coréens; un fief est donné à un bonze du *Păik tjyei*; arrivée d'émigrants du *Ko kou rye.*

»　687　　56 émigrants du *Ko kou rye* reçoivent des terres en *Hitati*, 常陸; 14 émigrants du *Sin ra* sont établis dans le *Simotuke*, 下野, et 22 dans le *Musasi*, 武藏.

N.h.g. 689 ap. J.-C. émigrants du *Sin ra* établis dans le *Simotuke*.

» 690 83 émigrants du *Sin ra* sont établis au *Musasi* et au *Simotuke*.

» 691 l'Empereur envoie des présents aux princes du *Păik tjyei* qui résident au Japon.

G.k.t. 715 émigrants du *Sin ra* établis dans le *Mino*, 美濃.

» 716 émigrants du *Ko kou rye* dans le *Musasi*.

» 746, 760, 768 émigrants du *Sin ra* dans le *Musasi*.

S.s.r. 814 à cette date, le *Sei si roku*, 姓氏錄, liste des grandes familles composée à cette époque, indique dans la noblesse japonaise: 162 familles d'origine chinoise, 104 venant du *Păik tjyei*, 50 du *Ko kou rye*, 9 du *Ka ya* et du *Sin ra*; 47 sont d'origine douteuse, mais non japonaise.

G.k.t. 814, 816, 817, 822 arrivée d'émigrants du *Sin ra*.

» 820 révolte de gens du *Sin ra* au *Suruga*, 駿河.

» 824 des émigrants du *Sin ra* sont établis dans le *Mutu*, 陸奧.

» 874 révolte de gens du *Sin ra* au *Musasi*.

V.

Mais ce n'est pas seulement dans le domaine de la civilisation matérielle que la Corée a fait beaucoup pour le Japon: c'est elle aussi qui lui a transmis la religion bouddhique reçue de la Chine. En Corée comme, au Japon, la nouvelle religion se développa rapidement, grâce au zèle de prosélytisme qu'elle inspirait alors à ses adhérents, grâce aussi à son essence même: le bouddhisme, en effet, donne des préceptes de conduite et répond à ces questions sur le sens de la vie que se pose un jour ou l'autre tout homme arrivé à un certain degré de développement intellectuel. Rien de semblable ne se trouvait, au contraire, dans les cultes coréens, ni sans doute dans la religion japonaise. De plus, le bouddhisme sut englober et assimiler les croyances déjà existantes, si bien que nous ignorons presque tout de l'ancienne religion coréenne et que nous éprouvons de grandes difficultés pour nous figurer ce qu'était le sintoïsme avant le VIe siècle.

De nombreux missionnaires coréens allèrent prêcher au Japon et y servirent activement la civilisation; ils eurent cause gagnée, lorsqu'en 595, l'un d'eux, *Hyei tjă*, 慧慈, fut nommé précepteur du Prince héritier *Siyau toku*, 聖德太子.

N.h.g. 552 ap. J.-C. le *Păik tjyei* envoie au Japon des livres bouddhiques, une statue et des objets pour le culte.

» 554 arrivée du bonze *Tam hyei*, 曇慧, et de huit autres; il vient remplacer un autre bonze nommé *To sim*, 道深.

» 577 arrivée de bonzes et de religieuses du *Păik tjyei*.

» 587 *Zen sin*, 善信 et d'autres religieuses japonaises vont étudier au *Păik tjyei*.

» 588 arrivée des bonzes *Hyei song*, 慧惣, *Ryeng keun*, 令斤, *Hyei sik*, 慧寔, *Ryeng tjyo*, 聆照, *Ryeng oui*, 令威, *Hyei tjyoung*, 慧衆, *Hyei syouk*, 慧宿 et *To em*, 道嚴; ils viennent du *Păik tjyei*.

» 590 retour de *Zen sin* et de ses compagnes.

» 593 le prince *Muma yado no Toyotomimi*, 厩戸豐聰耳, est nommé Prince impérial (plus tard connu sous son nom posthume de *Siyau toku tai si*); il fut l'élève du bonze *Hyei tjă* et du lettré *Kak ka*, 覺哿.

N.h.g.   595 ap. J.-C. arrivée de *Hyei tjă* venant du *Ko kou rye* et de *Hyei tchhong*, 慧聰, venant du *Păik tjyei*.

»   602   le bonze *Koan reuk*, 觀勒, vient du *Păik tjyei*; *Seung ryong*, 僧隆, et *Oun tchhong*, 雲聰, viennent du *Ko kou rye*.

»   609   *To heun*, 道欣, et *Hyei mi*, 慧彌, arrivent du *Păik tjyei*.

»   610   le roi de *Ko kou rye* envoie les bonzes *Tam tjing*, 曇徵, et *Pep tyeng*, 法定.

»   615   *Hyei tjă* retourne au *Ko kou rye*.

»   623   *Koan reuk* est nommé chef des bonzes, 僧正.

»   624   le *Ko kou rye* envoie le bonze *Hyei koan*, 慧灌, qui est nommé chef des bonzes.

»   645   plusieurs bonzes, parmi lesquels des Coréens, sont chargés d'instruire le peuple.

»   648   des bonzes japonais sont envoyés en Corée pour étudier.

»   684   23 bonzes et religieuses du *Păik tjyei*, s'établissent dans le *Musasi*.

C'est aux bonzes que l'on doit, entre autre bienfaits, la diffusion de l'écriture. J'ai eu déjà l'occasion [1]) d'exposer les principaux faits relatifs à l'histoire de l'écriture en Corée: au *Ko kou rye*, plus rapproché de la Chine, il existait dès l'origine du royaume, des mémoires tenus par diverses personnes, on les appelait *ryou keui*, 留記; mais ce n'est qu'en l'an 600 qu'on en fit une histoire officielle; c'est dans les dernières années du IVe siècle ou les premières du Ve que des inscriptions furent érigées sur les tombes des

---

1) Voir Bibliographie coréenne, Introduction, III. — Note sur les différents systèmes d'écriture employés en Corée. (Transactions of the Asiatic Society of Japan, vol. XXIII, pp. 5 et suivantes).

anciens rois; en 372, année de l'introduction du bouddhisme, une école royale ou *Htai hak*, 太學, avait été fondée. Pour le *Păik tjyei*, c'est dans la seconde moitié du IVᵉ siècle (346—375, règne de *Keun syo ko*, 近肖古, ou *Syo ko II*), que l'on commença d'écrire des annales; l'introduction du bouddhisme est rapportée à l'an 384; c'est seulement vers la fin du Vᵉ siècle que les noms des rois commencent à offrir un sens en chinois et à n'être plus des transcriptions. Au *Sin ra*, c'est en 502 que le roi renonça à son titre coréen, se fit appeler *oang*, 王, et fixa les caractères à employer pour le nom du royaume; c'est à partir de la même époque que le *Sam kouk să keui* commence à donner des renseignements détaillés sur les faits et les coutumes; là prédication du bouddhisme, qui remonte peut-être au commencement du Vᵉ siècle, n'est certaine qu'à partir de 528. Je crois que cet ensemble de faits établit la liaison entre la diffusion de l'écriture chinoise et la prédication du bouddhisme; je ne puis, d'autre part, considérer que comme gratuite l'hypothèse de quelques auteurs européens, qui pensent que les Coréens pouvaient avoir une écriture indigène et qu'ils l'auraient abandonnée pour l'écriture chinoise: le seul fait établi est qu'aucun texte chinois, coréen, ni japonais, ne parle de rien de tel. Toutefois, je tiens à bien marquer que, si les bonzes ont favorisé l'étude du Chinois, nécessaire pour la lecture des textes sacrés, je ne crois pas qu'auparavant les caractères chinois fussent tout à fait ignorés; j'admettrais volontiers qu'un petit nombre de personnes, celles qui étaient en rapports avec les Chinois du *Liao tong* ou de *Hpyeng yang*, pouvaient en avoir quelque connaissance. Peut-être faut-il voir la trace d'une situation de ce genre dans la mention faite par les historiens de lettres échangées entre les différents états coréens et le Japon dès le IIᵉ siècle de l'ère chrétienne; à moins que les mots «envoyer une lettre», 移書, ne soient qu'une formule de style inspirée aux rédacteurs des histoires par les habitudes de l'époque où ils vivaient [1]).

Les choses se sont passées au Japon d'une façon analogue: dès longtemps, les érudits japonais et européens ont reconnu que les caractères dits «caractères des dieux», *kami yo no mozi*, 神代文字, sont une imitation des caractères coréens vulgaires, *en moun*, 諺文, et datent du XVIe ou du XVIIe siècles. Jusqu'au IVe siècle, les Japonais n'avaient donc pas d'écriture et le premier document écrit dont l'existence semble admissible, est une lettre qui fut adressée par le souverain du Japon au roi de *Sin ra* en 345 et qui est antérieure par conséquent de soixante ans à l'arrivée au Japon du célèbre lettré coréen *Oang In*, *Wani*, 王仁 (405). L'art nouveau fut d'abord exercé par des hommes d'origine étrangère, coréenne ou chinoise, qui formèrent une caste spéciale, celle des *fuhito*, 史; puis avec la prédication du bouddhisme, et surtout après son triomphe dans l'éducation de *Siyau toku tai si*, il se répandit dans toute la population. On écrivit d'abord en langue chinoise; mais les caractères idéographiques furent pris bientôt avec une valeur phonétique et des syllabaires réguliers se constituèrent: le *katakana*, 片假名, fit son apparition vers la fin du VIIIe

---

1) S k.s.k. 125 le roi de *Sin ra* envoie une lettre (移書) au roi de *Păik tjyei* pour lui demander du secours.

  „ 155 lettre écrite par le roi de *Păik tjyei* (移書).

  „ 165 lettre écrite par le roi de *Sin ra*.

N.h g. 297 lettre du roi de *Ko kou rye* à l'empereur du Japon.

S.k.s.k. 345 le roi des Japonais écrit au roi de *Sin ra* (倭王移書).

N.h.g. 353 mention de notices géographiques rédigées précédemment.

S.k.s.k. 373 lettre écrite par le roi de *Păik tjyei* au roi de *Sin ra*.

N.h.g. 403 des archivistes formant une caste spéciale (史, *fuhito*) sont nommés dans les provinces du Japon.

S.k.s.k. 413 premier envoi d'un mémorial (表) par le roi de *Ko kou rye* à la cour des *Tsin*, 晉.

N.h.g. 621 le *Sin ra*, pour la première fois, envoie un mémorial au Japon.

  „ 646 nomination dans les provinces du Japon de clercs sachant écrire et compter.

siècle et le *hiragana*, 平假名, paraît avoir été employé pour la première fois en 905 [1]). D'ailleurs, les syllabes ont été en usage surtout comme auxiliaires des caractères idéographiques.

En Corée, c'est en 692 que *Syel Tchong*, 薛聰, précédant les Japonais, eut l'idée de se servir phonétiquement de caractères chinois pour exprimer les particules et terminaisons de la langue coréenne; les caractères qu'il choisit pour cet usage, sont encore employés de la même façon dans certaines pièces judiciaires; on les a aussi simplifiés, en tirant des signes analogues aux *katakana*, mais sans arriver au syllabisme régulier; les caractères de *Syel Tchong* sont nommés *ri tok*, 吏讀 (prononciation *ni do*) ou *ri moun*, 吏文 (pron. *ni moun*). Quant aux caractères vulgaires, dits *en moun*, 諺文, ils ont été inventés au XVe siècle par le roi *Syei tjong*, 世宗, et constituent un des alphabets les plus simples qui existent: il est très rare qu'on les mélange avec des signes chinois.

En même temps que les livres de leur religion, les bonzes avaient apporté les livres classiques du confucianisme avec des livres historiques. Les rois de *Sin ra*, comme les mikados, discernèrent vite ce que les idées chinoises avaient de favorable à leur pouvoir: jusque là, il n'existait qu'une confédération de tribus, le chef suprême n'était que le premier des chefs de clan, le premier des nobles; or les livres chinois montraient ce qu'est un État avec un prince et des sujets. C'est *Syau toku tai si*, l'élève des bonzes, qui enseigna ces idées aux Japonais, posa la suprématie absolue du prince, contesta les droits des vieux possesseurs du sol: il formula ces principes dans ses 17 articles de 604, 憲法十七條. Les réformes se firent à partir de la période *Tai kuwa*, 大化 (645—649). L'Empereur organisa ses états en districts, y établit l'impôt, y

---

1) Cf. Prof. Dr. R. Lange, Einführung in die japanische Schrift; Berlin, 1896. In 8.

régla la justice et exigea des nobles, devenus des fonctionnaires, un serment solennel de fidélité. La révolution du VIIe siècle fut aussi rapide et aussi profonde que celle à laquelle nous avons assisté depuis 1868 [1]). Au *Sin ra*, la transformation se fit lentement, à partir du commencement du VIe siècle: c'est en partie aux nouvelles armées, à l'organisation plus stricte du pouvoir, que ce royaume dut sa victoire sur le Päik tjyei et le Ko kou rye; avant la réunion de la Corée sous sa suprématie, la révolution était achevée et, si la noblesse héréditaire subsistait, elle était réduite dans la dépendance du prince [2]). Pour ces réformes politiques comme pour la diffusion de l'écriture, pour la religion et pour l'industrie, la Corée, située plus près de la Chine, précédait le Japon et lui transmettait la civilisation.

---

1) N.h.g.   604   17 articles de *Siyau toku tai si*.

    "   645   année *Tai kuwa*: réforme de l'administration provinciale; droit d'adresser des pétitions au souverain; recensement et cadastre.

    "   646   diminution du nombre des serfs; nomination de clercs pour les emplois à la capitale et dans les provinces; cadastre; nouvelle distribution des terres; règlement de l'impôt.

    "   648   établissement·des rangs officiels des fonctionnaires.

S.k.s.k.   670   le royaume des *Oa*, 倭國, prend officiellement le nom de *Nituhon*, 日本.

2) S.k.s.k. 502   choix officiel des caractères *Sin ra*, 新羅, et du titre de *oang*, 王.

    "   505   nouvelle division des districts, établissement des commandants provinciaux ou gouverneurs, 軍主.

    "   514   fondation des capitales secondaires, 小京.

    "   517   fondation du Ministère de l'Armée, 兵部.

    "   520   promulgation des premières lois du royaume de *Sin ra* (頒示律令).

    "   557   suite de la réorganisation provinciale.

    "   584   règles pour la nomination des fonctionnaires.

    "   654   réforme de la justice.

    "   685   établissement des neuf provinces, 九州.

www.ingramcontent.com/pod-product-compliance
Lightning Source LLC
Chambersburg PA
CBHW051357050726

47595CB00006B/2595

le gouvernail, qu'une tête solide fasse jouer une dernière fois de gré ou de force les rouages de cette machine immense dont nous parlions tout à l'heure, et l'Europe entière sera stupéfaite des résultats qui peuvent être obtenus en quinze jours.

Dans trois semaines, deux ou trois millions d'hommes peuvent être sous les murs de Paris, faisant le vide autour de l'armée ennemie qui aurait eu la folie de venir jusque-là, probablement l'étouffant sans coup férir, assurément, en tout cas, la démoralisant et l'anéantissant rien que par le nombre.

Voici, pour arriver à ce résultat, ce que je propose :

Seront immédiatement nommés :

Dans chaque chef-lieu de département.

Un colonel dont la mission sera d'organiser et de commander la garde nationale sédentaire de son département.

Dans chaque arrondissement.

Un chef de bataillon.

Dans chaque chef-lieu de canton.

Un capitaine.

Dans chaque commune.

Un lieutenant.

(Chacun ayant les mêmes attributions que le colonel dans sa circonscription.)

La France sera divisée en sept zones dont les chefs-lieux seront :

Lille, Rouen, Nantes, Bordeaux, Toulouse, Lyon et Bourges.

Ultérieurement six emplacements seront désignés, destinés à former six camps vers lesquels devraient se diriger toutes les gardes nationales de France en cas de siége de Paris.

Ces six camps seraient placés à la même distance de la capitale et à proximité des six grandes lignes de chemins de fer qui mènent de Paris aux six chefs-lieux les plus éloignés.

Sont compris dans la garde nationale sédentaire tous les citoyens valides qui n'ont pas dépassé l'âge de cinquante ans et ne font partie ni de l'armée active ni de la garde mobile.

La loi interdisant aux armuriers la vente des armes de guerre est rapportée. Les gardes nationaux pourront s'armer à leurs frais. Les communes et les départements créeront les ressources nécessaires pour armer tous ceux qui ne pourraient pas faire cette dépense.

Si le gouvernement ne consentait pas à l'abrogation de la loi de 1834, il ne pourrait obéir qu'à des préoccupations inavouables dans lesquelles l'intérêt public n'entre pour rien. C'est impossible en ce moment où il n'a pas assez de foudres contre ceux qui n'ont pas qu'une pensée, le salut du pays.

Six généraux seront choisis dans l'armée pour prendre au besoin le commandement des six corps d'armée réunis dans les six camps dont il est parlé plus haut. Il sera également nommé un major général dont la mission sera de réunir dès leur nomination les colonels dans les chefs-lieux des zones auxquelles chacun appartient, de s'entendre avec eux sur les moyens propres à hâter la réorganisation, l'armement et à assurer l'approvisionnement des troupes pendant la campagne, enfin de donner par le télégraphe le signal du départ et d'indiquer le jour d'arrivée dans les différents camps, d'où les troupes partiraient ensuite au secours de Paris.

Des réserves considérables en matériel et en approvisionnement de toutes sortes seraient dès maintenant préparées dans les six grands centres placés en tête des lignes ferrées, qui deviendraient, en cas de départ, les artères principales destinées à porter la vie dans les six camps sus-énoncés. Le système télégraphique serait modifié de manière que les dépêches pussent arriver dans toutes les parties de la France sans passer par Paris.

A l'arrivée des gardes nationales en vue de la capitale, une sortie de la population assiégée et l'action combinée du côté de l'Est des glorieux débris de nos armées guériraient à tout jamais l'étranger de cette folie d'invasion dont sont possédés les Prussiens, en leur apprenant comment les Français savent défendre leur pays.

Avec l'appui sincère de l'administration départementale (préfets, sous-préfets et maires), ce plan est non-seulement réalisable, mais peut être appliqué très-vite, j'en suis certain. Dans tous les cas il aurait dès maintenant l'avantage de faire réfléchir l'ennemi sur les difficultés insurmontables qu'il doit rencontrer, et l'effet moral produit par un vote du Corps législatif sur cette question serait instantané et immense.

Paris. — Typographie Adolphe Lainé, rue des Saints-Pères, 19.

www.ingramcontent.com/pod-product-compliance
Lightning Source LLC
Chambersburg PA
CBHW051320050726
47595CB00008B/3637